میرے بہت سے رنگ:
غیر بائنری ہونے کی کہانی

Urdu

Marcy Schaaf

جب کوئی بچہ "وہ/انہیں" ضمیر استعمال کرنے کی ترجیح کا اظہار کرتا ہے، تو اس کا عام طور پر مطلب یہ ہوتا ہے کہ وہ غیر بائنری یا جنس پرست کے طور پر شناخت کرتا ہے۔ غیر بائنری ایک اصطلاح ہے جو ان افراد کی وضاحت کے لیے استعمال ہوتی ہے جن کی صنفی شناخت خصوصی طور پر مرد یا عورت کے روایتی زمروں کے ساتھ ہم آہنگ نہیں ہوتی ہے۔ اس کے بجائے، وہ اپنی صنفی شناخت کا تجربہ ان بائنری اختیارات سے باہر کسی سپیکٹرم کے ساتھ کہیں ہونے کے طور پر کر سکتے ہیں۔

"وہ/انہیں" ضمیر استعمال کرنے کا انتخاب بچے کی صنفی شناخت کو تسلیم کرتا ہے اور اس کا احترام کرتا ہے اور اپنے آپ کو اس انداز میں بیان کرنے کے اس کے حق کو تسلیم کرتا ہے جو ان کے لیے مستند محسوس ہو۔ ان کے ترجیحی ضمیروں کا احترام کرنا اور ان کی صنفی شناخت کو نیویگیٹ کرتے وقت مدد اور سمجھنا ضروری ہے۔ اس میں اپنے اردگرد کے دوسروں، جیسے خاندان کے افراد، دوستوں اور اساتذہ کو صحیح ضمیروں کے استعمال اور بچے کی شناخت کا احترام کرنے کی اہمیت کے بارے میں تعلیم دینا شامل ہو سکتا ہے۔

ایسا ماحول بنانا ضروری ہے جہاں بچہ اپنی صنفی شناخت سے قطع نظر محفوظ محسوس کرے اور اسے قبول کیا جائے۔ اس میں اسکولوں، صحت کی دیکھ بھال کی ترتیبات، اور دیگر اداروں میں جامع پالیسیوں اور طریقوں کی وکالت شامل ہوسکتی ہے تاکہ یہ یقینی بنایا جاسکے کہ غیر بائنری افراد کا احترام اور تعاون کیا جاتا ہے۔

In a small town nestled between rolling hills and whispering forests, there lived a child named Alex.

گھومتے ہوئے پہاڑیوں اور سرگوشیوں کے جنگلوں کے درمیان بسے ایک چھوٹے سے قصبے میں ایلکس نام کا ایک بچہ رہتا تھا۔

But something else made Alex different too. Some days, they felt as delicate as a butterfly, and on those days, they liked to wear dresses.

لیکن کسی اور چیز نے ایلکس کو بھی
مختلف بنا دیا۔ کچھ دن، وہ تتلی کی
طرح نازک محسوس کرتے تھے، اور ان
دنوں، وہ کپڑے پہننا پسند کرتے تھے.

Other days, Alex felt strong and bold, like a mighty lion. On those days, they chose pants and shirts that made them feel powerful and free.

دوسرے دنوں، ایلکس ایک طاقتور شیر کی طرح مضبوط اور دلیر محسوس کرتا تھا۔ ان دنوں، انہوں نے پتلون اور قمیضوں کا انتخاب کیا جو انہیں طاقتور اور آزاد محسوس کرتے تھے۔

But most days, Alex was somewhere in between. They didn't feel entirely like a boy or completely like a girl. They just felt like themselves, a beautiful blend of everything in between.

لیکن زیادہ تر دن، الیکس کہیں درمیان میں تھا۔ وہ مکمل طور پر ایک لڑکے یا مکمل طور پر لڑکی کی طرح محسوس نہیں کرتے تھے۔ وہ صرف اپنے آپ کی طرح محسوس کرتے ہیں، درمیان میں ہر چیز کا ایک خوبصورت امتزاج۔

Some people understood Alex's unique way of being, and they celebrated it with open arms and warm smiles.

کچھ لوگوں نے ایلکس کے ہونے کے انوکھے انداز کو سمجھا، اور انہوں نے اسے کھلے بازوؤں اور گرم مسکراہٹوں کے ساتھ منایا۔

But others didn't understand. They would stare or whisper, unsure of what to make of someone who didn't fit neatly into their idea of boy or girl.

لیکن دوسروں کو سمجھ نہیں آئی۔ وہ گھورتے یا سرگوشی کرتے، اس بات کا یقین نہیں رکھتے کہ کسی ایسے شخص کو کیا بنایا جائے جو لڑکے یا لڑکی کے بارے میں ان کے خیال میں صفائی سے فٹ نہیں بیٹھتا تھا۔

One day, Alex's grandmother came to visit. She looked puzzled when she saw Alex wearing pants instead of a dress.

ایک دن ایلکس کی دادی ملنے آئی۔ جب اس نے الیکس کو لباس کے بجائے پتلون پہنے دیکھا تو وہ حیران نظر آئی۔

"Why aren't you wearing a pretty dress, my dear?" she asked, her voice full of confusion.

"میرے پیارے تم نے خوبصورت لباس کیوں نہیں پہنا ہوا؟" اس نے الجھن سے بھری آواز میں پوچھا۔

Alex took a deep breath, feeling nervous but determined to explain. "Sometimes, I feel more like a boy, Grandma. And today is one of those days."

الیکس نے گھبراہٹ محسوس کرتے ہوئے ایک گہرا سانس لیا لیکن وضاحت کرنے کا عزم کیا۔ "کبھی کبھی، میں ایک لڑکے کی طرح محسوس کرتی ہوں، دادی۔ اور آج ان دنوں میں سے ایک ہے۔"

Grandma listened carefully, her eyes softening with understanding. "Oh, I see," she said gently.
"Well, you always look lovely, no matter what you wear."

دادی نے غور سے سنا، ان کی آنکھیں سمجھ کے ساتھ نرم ہو گئیں۔ "اوہ، میں دیکھتی ہوں۔" اس نے آہستہ سے کہا۔ "ٹھیک ہے، آپ ہمیشہ خوبصورت نظر آتے ہیں، چاہے آپ جو بھی پہنیں۔"

As Alex grew older, they learned
how to have difficult
conversations with teachers,
friends, and family members
about their gender identity.

she he
they

جیسے جیسے ایلکس بڑا ہوتا گیا، انہوں
نے سیکھا کہ اساتذہ، دوستوں اور
خاندان کے ممبران کے ساتھ اپنی صنفی
شناخت کے بارے میں مشکل گفتگو
کیسے کی جاتی ہے۔

she he
they

They discovered that some people would have questions or need time to understand, and that was okay. Patience and kindness were their greatest allies.

انہوں نے دریافت کیا کہ کچھ لوگوں کے سوالات ہوں گے یا انہیں سمجھنے کے لیے وقت درکار ہوگا، اور یہ ٹھیک تھا۔ صبر اور مہربانی ان کے سب سے بڑے ساتھی تھے۔

And as Alex looked around at the world, they realized that not everyone would understand, and that was okay too. What mattered most was being true to themselves.

اور جیسے ہی ایلکس نے دنیا کو دیکھا،
انہیں احساس ہوا کہ ہر کوئی نہیں
سمجھے گا، اور یہ بھی ٹھیک تھا۔ جو
چیز سب سے اہم تھی وہ خود سے سچا
ہونا تھا۔

One day, as the sun dipped low
in the sky and painted the world
with shades of pink and gold,
Alex had a realization.

ایک دن، جیسے ہی سورج آسمان میں ڈوب گیا اور دنیا کو گلابی اور سونے کے رنگوں سے رنگا، الیکس کو احساس ہوا۔

"I may be neither strictly a boy nor only a girl," they thought to themselves, "but I am me. And that is enough."

"میں سختی سے نہ تو لڑکا ہوں اور نہ ہی صرف لڑکی ہوں،" انہوں نے اپنے آپ کو سوچا، "لیکن میں میں ہوں۔ اور یہی کافی ہے۔"

And so, Alex embraced their uniqueness with pride, knowing that their true colors shone brightest when they were being authentically themselves.

اور اس طرح، ایلکس نے اپنی انفرادیت کو فخر کے ساتھ قبول کیا، یہ جانتے ہوئے کہ جب وہ خود مستند ہو رہے تھے تو ان کے حقیقی رنگ سب سے زیادہ چمکتے ہیں۔

The end.

آخر.

Life Lesson:

Embrace your uniqueness and be true to yourself, even if others may not understand. You are beautiful just the way you are.

زندگی کا سبق:
اپنی انفرادیت کو گلے لگائیں اور خود
سے سچے بنیں، چاہے دوسرے نہ
سمجھیں۔ آپ جیسے ہیں ویسے ہی
خوبصورت ہیں۔

Non-binary kids, like anyone else, may have diverse preferences when it comes to how they like to dress. There's no single "right" way for non-binary individuals to dress, as gender expression is highly personal and can vary greatly from person to person. Some non-binary kids may prefer clothing that is traditionally associated with their assigned gender at birth, while others may gravitate towards clothing that blurs or challenges traditional gender norms.

Here are some common ways non-binary kids might choose to dress:

1. Gender-neutral clothing: Many non-binary individuals prefer clothing that is not specifically associated with either traditional gender category. This might include items like t-shirts, jeans, hoodies, sneakers, and other styles that are not inherently gendered.

2. Mix-and-match styles: Some non-binary kids may enjoy mixing elements of traditionally masculine and feminine clothing in their outfits. This could involve wearing clothing from both the men's and women's sections of stores, or combining traditionally masculine and feminine accessories.

3. Androgynous fashion: Androgynous fashion often features clothing styles that blur the lines between masculine and feminine aesthetics. This might include tailored suits, button-up shirts, blazers, skirts, dresses, androgynous hairstyles, and accessories that aren't strongly gendered.

4. Personal expression: Ultimately, non-binary kids may choose to dress in a way that reflects their unique personality, interests, and sense of style. They may experiment with different looks, colors, patterns, and accessories to express themselves authentically.

It's important to respect and support non-binary kids in their clothing choices, just as you would with any child. Creating an inclusive environment where they feel comfortable expressing themselves is key to fostering their confidence and well-being.

غیر بائنری بچے، کسی اور کی طرح، ان کی ترجیحات متنوع ہو سکتی ہیں جب بات آتی ہے کہ وہ کس طرح لباس پہننا پسند کرتے ہیں۔ غیر بائنری افراد کے لیے لباس پہننے کا کوئی واحد "صحیح" طریقہ نہیں ہے، کیوں کہ صنفی اظہار انتہائی ذاتی ہے اور فرد سے دوسرے شخص میں بہت مختلف ہو سکتا ہے۔ کچھ غیر بائنری بچے ایسے لباس کو ترجیح دے سکتے ہیں جو روایتی طور پر پیدائش کے وقت ان کی تفویض کردہ جنس سے وابستہ ہوں، جبکہ دوسرے ایسے لباس کی طرف متوجہ ہو سکتے ہیں جو روایتی صنفی اصولوں کو دھندلا یا چیلنج کرتے ہیں۔

یہاں کچھ عام طریقے ہیں جن سے غیر بائنری بچے لباس کا انتخاب کر سکتے ہیں:

1. صنفی غیر جانبدار لباس: بہت سے غیر بائنری افراد ایسے لباس کو ترجیح دیتے ہیں جو خاص طور پر روایتی صنفی زمرے سے وابستہ نہ ہوں۔ اس میں ٹی شرٹس، جینز، ہوڈیز، جوتے اور دیگر سٹائل جیسی اشیاء شامل ہو سکتی ہیں جو فطری طور پر صنفی نہیں ہیں۔

2. مکس اینڈ میچ اسٹائل: کچھ غیر بائنری بچے اپنے لباس میں روایتی طور پر مردانہ اور نسائی لباس کے عناصر کو ملا کر لطف اندوز ہو سکتے ہیں۔ اس میں اسٹورز کے مردوں اور عورتوں کے دونوں حصوں کے کپڑے پہننا، یا روایتی طور پر مردانہ اور نسائی لوازمات کو ملانا شامل ہو سکتا ہے۔

3. Androgynous فیشن: Androgynous فیشن میں اکثر لباس کے انداز ہوتے ہیں جو مردانہ اور نسائی جمالیات کے درمیان لائنوں کو دھندلا دیتے ہیں۔ اس میں موزوں سوٹ، بٹن اپ شرٹس، بلیزر، اسکرٹس، کپڑے، اینڈروگینس ہیئر اسٹائل، اور لوازمات شامل ہوسکتے ہیں جو سختی سے صنف کے مطابق نہیں ہیں۔

4. ذاتی اظہار: بالآخر، غیر بائنری بچے ایسے لباس پہننے کا انتخاب کر سکتے ہیں جو ان کی منفرد شخصیت، دلچسپیوں اور انداز کے احساس کی عکاسی کرتا ہو۔ وہ خود کو مستند طریقے سے ظاہر کرنے کے لیے مختلف شکلوں، رنگوں، نمونوں اور لوازمات کے ساتھ تجربہ کر سکتے ہیں۔

غیر بائنری بچوں کو ان کے لباس کے انتخاب میں عزت دینا اور ان کی حمایت کرنا ضروری ہے، جیسا کہ آپ کسی بھی بچے کے ساتھ کرتے ہیں۔ ایک جامع ماحول بنانا جہاں وہ اپنے آپ کو اظہار خیال کرنے میں آسانی محسوس کرتے ہیں ان کے اعتماد اور بہبود کو فروغ دینے کی کلید ہے۔

Hey there, colorful kids! Have you ever wondered how to pick the perfect colors for your outfit? It's easy! Just think about how you're feeling and what outfit you want to wear. If you're feeling as bright as a sunny day, maybe choose clothes in vibrant yellows and oranges. Or if you're feeling calm and peaceful, soft blues and greens might be just the right colors for you. Let your outfit be your canvas and your feelings be your guide as you paint the world with your unique style and personality!

ارے وہاں، رنگین بچے! کیا آپ نے کبھی سوچا ہے کہ اپنے لباس کے لیے بہترین رنگ کیسے چنیں؟ یہ آسان ہے! ذرا سوچیں کہ آپ کیسا محسوس کر رہے ہیں اور آپ کون سا لباس پہننا چاہتے ہیں۔ اگر آپ دھوپ والے دن کی طرح روشن محسوس کر رہے ہیں، تو ہو سکتا ہے متحرک پیلے اور نارنجی رنگ کے کپڑے منتخب کریں۔ یا اگر آپ پرسکون اور پرامن محسوس کر رہے ہیں، تو نرم بلیوز اور سبز رنگ آپ کے لیے صحیح رنگ ہو سکتے ہیں۔ آپ کے لباس کو آپ کا کینوس بننے دیں اور آپ کے احساسات کو آپ کا رہنما بننے دیں جب آپ دنیا کو اپنے منفرد انداز اور شخصیت سے رنگین کرتے ہیں!

Explore these pages to discover your unique style.

اپنے منفرد انداز کو دریافت کرنے کے لیے ان صفحات کو دریافت کریں۔

My Many Colors:
A Story of Being Non-Binary

$1
On our website

Activity Guide

DOWNLOAD

My Non-Binary Coloring Book

Marcy Schaaf

Join Our Book of the Month Club!

Looking for the perfect gift that keeps on giving? Join our Book of the Month Club! For just $25 a month, or $250 if you purchase a year upfront, you or your loved ones will receive a handpicked children's book every month, straight to your doorstep.

Here's how it works:
Choose from 15 different languages to receive bilingual books that make learning fun.
Enjoy monthly shipments of our exclusive books that inspire, teach, and entertain children of all ages.
Each month's book is carefully selected to provide a new adventure, valuable lesson, and a chance to explore cultures from around the world.
It's the perfect gift for birthdays, holidays, or just because! Whether you're nurturing a young reader or encouraging language learning, our Book of the Month Club is designed to bring joy to every bookshelf.

Exclusive Bonus: As part of your membership, you'll also receive a monthly podcast about our featured book delivered straight to your email! Listen in for behind-the-scenes insights, fun facts, and tips for making storytime even more magical.

Sign up today at www.Booksbyschaaf.com and start enjoying the gift of reading all year long!

ہمارے بک آف دی منتھ کلب میں شامل ہوں!

کامل تحفہ تلاش کر رہے ہیں جو دیتا رہتا ہے؟ ہمارے بک آف دی منتھ کلب میں شامل ہوں! صرف 25$ فی مہینہ میں، یا 250$ اگر آپ ایک سال پہلے خریدتے ہیں، تو آپ کو یا آپ کے پیاروں کو ہر ماہ بچوں کی ایک ہینڈ پک کی گئی کتاب، سیدھے آپ کی دہلیز پر ملے گی۔

یہاں یہ ہے کہ یہ کیسے کام کرتا ہے:
دو لسانی کتابیں حاصل کرنے کے لیے 15 مختلف زبانوں میں سے انتخاب کریں جو سیکھنے کو مزہ دیتی ہیں۔
ہماری خصوصی کتابوں کی ماہانہ ترسیل سے لطف اٹھائیں جو ہر عمر کے بچوں کو متاثر کرتی ہیں، سکھاتی ہیں اور ان کی تفریح کرتی ہیں۔
ہر مہینے کی کتاب کو ایک نیا ایڈونچر، قیمتی سبق اور دنیا بھر کی ثقافتوں کو دریافت کرنے کا موقع فراہم کرنے کے لیے احتیاط سے منتخب کیا جاتا ہے۔
یہ سالگرہ، تعطیلات، یا صرف اس لیے بہترین تحفہ ہے! چاہے آپ ایک نوجوان قاری کی پرورش کر رہے ہوں یا زبان سیکھنے کی حوصلہ افزائی کر رہے ہوں، ہماری بک آف دی منتھ کلب کو ہر بک شیلف میں خوشی لانے کے لیے ڈیزائن کیا گیا ہے۔

خصوصی بونس: آپ کی رکنیت کے حصے کے طور پر، آپ کو ہماری نمایاں کتاب کے بارے میں ایک ماہانہ پوڈ کاسٹ بھی موصول ہوگا جو براہ راست آپ کے ای میل پر پہنچایا جائے گا! پردے کے پیچھے کی بصیرتیں، تفریحی حقائق، اور کہانی کے وقت کو مزید جادوئی بنانے کے لیے تجاویز سنیں۔

آج ہی www.Booksbyschaaf.com پر سائن اپ کریں اور سال بھر پڑھنے کے تحفے سے لطف اندوز ہونا شروع کریں!

Books By Schaaf

www.BookBySchaaf.com

Podcast series about our book on TikTok.

Activity Guide companion's for each storybook can be found on our website.

Find us at: